G-4956P Assembly Edition

Taizé: Songs for Prayer

Also available:
G-4956(S) Vocal Edition
avalaible in standard and spiral bounding
G-4956A Instrumental Edition

GIA Publications, Inc., 7404 S. Mason Ave., Chicago, IL 60638

ISBN No. 1-57999-042-8

Taizé: Songs for Prayer
Copyright © 1998 Ateliers et Presses de Taizé (France)
International Copyright Secured   All Rights Reserved

This edition published through exclusive license agreement by
G.I.A. Publications, Inc.
7404 S. Mason Ave., Chicago, IL 60638 USA

Printed in U.S.A.

CONTENTS

E. Eucharist

G. Psalms

1. ALL YOU WHO PASS THIS WAY

All you who pass this way, look and see.

2. BE NOT AFRAID

Nebojte se

Be not a-fraid, sing out for joy! Christ is ris-en, al-le-lu - ia!
Ne - boj - te se, ra - duj - te se! Kris - tus slav-ný ví - téz z hro-bu vstal.

Be not a-fraid, sing out for joy! Christ is ris-en, al-le-lu - ia!
Ne - boj - te se, ra - duj - te se! Kris - tus slav-ný ví - téz z hro - bu vstal.

3. BLESS THE LORD

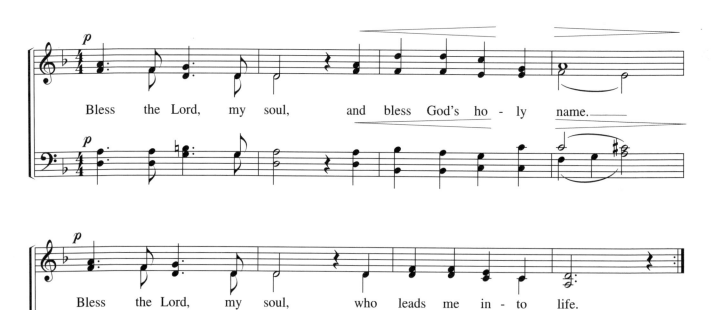

Bless the Lord, my soul, and bless God's ho - ly name.

Bless the Lord, my soul, who leads me in - to life.

4. CHRISTUS RESURREXIT

Jesus Christ Is Risen

O _____

Chri-stus re-sur-re-xit, Chri-stus re-sur-re-xit.
Je-sus Christ is ris-en, Je-sus Christ is ris-en!

O _____

Al - le-lu - ia, al-le-lu - ia!
Al - le-lu - ia, al-le-lu - ia!

5. DE NOCHE IREMOS

By Night, We Hasten

6. DONA NOBIS PACEM

(Give us peace of heart)

Do - na   no - bis   pa - cem   cor - di - um.   Do - na   no - bis   pa - cem.

Do - na   no - bis   pa - cem cor - di - um.   Do - na   no - bis   pa - cem.

7. EAT THIS BREAD
Jesus Christ, Bread of Life

May be sung as an ostinato by omitting verses.

Eat this bread, drink this cup, come to him and nev-er be hun-gry.
Je - sus Christ, bread of life, those who come to you will not hun - ger.

Eat this bread, drink this cup, trust in him and you will not thirst.
Je - sus Christ, Ris - en Lord, those who trust in you will not thirst.

Verses

Choir (humming) or keyboard

D.C.

8. IN GOD ALONE MY SOUL

Mon âme se repose

In God a-lone my soul can find rest and peace, in God my peace and joy.
Mon â-me se re-po-se en paix sur Dieu seul: de lui vient mon sa-lut.

On-ly in God my soul can find its rest, find its rest and peace. In
Oui, sur Dieu seul mon â-me se re-po-se, se re-po-se en paix. Mon

Last time

Last time

9. IN TE CONFIDO
Christ of Compassion

O_____ Je - su__ Chri - ste O_____ in te con - fi - do.
Christ of com - pas - sion, Lord God, I trust you.

10. IN THE LORD I'LL BE EVER THANKFUL
El Senyor és la meva força

In the Lord I'll be ev - er thank-ful, in the Lord I will re - joice! Look to God, do not be a-
El Se - nyor és la me - va for - ça, el Se - nyor el me - u cant. Ell m'ha es - tat la sal - va - ci-

fraid. Lift up your voic- es, the Lord is near; lift up your voic - es, the Lord is near. In the
ó. En ell con - fi - o i no tinc por. En ell con - fi - o i no tinc por. El Se -

Last time

11. JESUS, REMEMBER ME

Je - sus, re - mem- ber me when you come in - to your king - dom.

Je - sus, re - mem- ber me when you come in - to your king - dom.

12. LAUDATE DOMINUM

Sing, Praise and Bless the Lord

Lau - da - te   Do - mi - num,   lau - da - te   Do - mi - num,
Sing, praise and   bless the Lord.   Sing, praise and   bless the Lord.

om - nes   gen - tes,   al - le - lu - ia!   al - le - lu - ia!
Peo - ples!   Na - tions!   Al - le - lu - ia!   Al - le - lu - ia!

13. LET US SING TO THE LORD

Bénissez le Seigneur

Let us sing to the Lord!
Bé- nis - sez le Sei - gneur!

Let us sing to the
Bé- nis - sez le Sei -

O

Lord!
gneur!

Let us sing to the Lord! Let us sing to the Lord!
Bé- nis - sez le Sei - gneur, bé - nis - sez le Sei - gneur!

O

Let us sing to the Lord! Let us sing to the Lord!
Bé- nis - sez le Sei - gneur, bé - nis - sez le Sei - gneur!

14. LORD GOD, YOU LOVE US
Toi, tu nous aimes

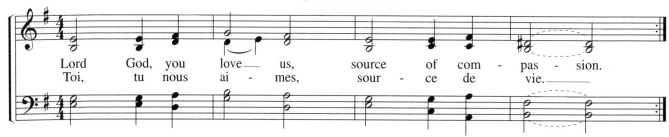

Lord God, you love— us, source of com - pas - sion.
Toi, tu nous ai - mes, sour - ce de vie.———

15. LORD JESUS CHRIST
Jésus le Christ

Lord Je - sus Christ, your light shines with - in us. Let not my
Jé - sus le Christ, lu - mière in - té - rieu - re, ne lais - se

doubts nor my dark-ness speak to me. Lord Je - sus Christ, your
pas mes té - nè - bres me par - ler. Jé - sus le Christ, lu -

light shines with-in us. Let my heart al-ways wel-come your love.
mière in - té - rieu - re, don - ne - moi d'ac-cueil - lir ton a-mour.

16. NUNC DIMITTIS
Let Your Servant Now Go in Peace

Nunc di - mit - tis ser - vum tu - um Do - mi - ne,_____ se -
Let your ser - vant now_ go in peace, O_ Lord,_____ now_

ne, Do - mi - ne,
Lord, O_ Lord,

Last time

cun - dum ver - bum tu - um in_ pa - ce,_____ Nunc di -
go in peace ac - cord - ing to your word,_____ Let your

Last time

(Do - mi - ne.)
(to your word.)

17. OCULI NOSTRI
Our Eyes are Turned

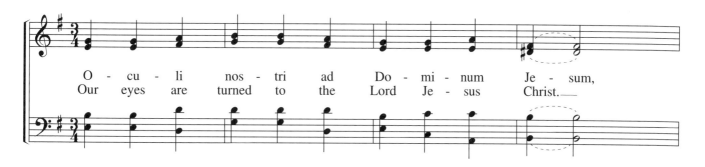

O - cu - li nos - tri ad Do - mi - num Je - sum,
Our eyes are turned to the Lord Je - sus Christ.___

o - cu - li nos - tri ad Do - mi - num nos - trum.
Our eyes are turned to the Lord God, our Sav - ior.

18. OUR DARKNESS
La ténèbre

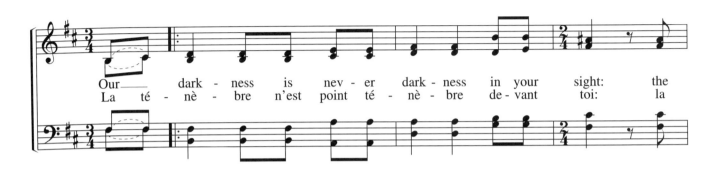

Our___ dark - ness is nev - er dark - ness in your sight: the
La té - nè - bre n'est point té - nè - bre de - vant toi: la

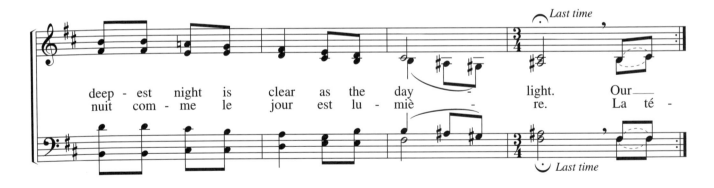

Last time

deep - est night is clear as the day light. Our___
nuit com - me le jour est lu - miè - re. La té -

Last time

19. OUR SOUL IS WAITING
Notre âme attend le Seigneur

Our soul is wait-ing for God. Our hearts find joy — in the Lord.
Notre âme at-tend le Sei-gneur. En lui la joie de no-tre cœur.

Verses *(Cantor)*

20. PSALLITE DEO
This Is the Day

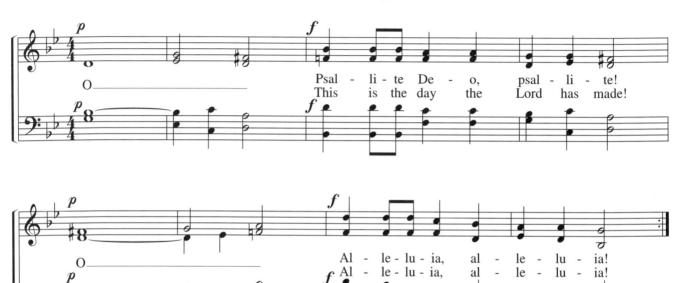

O _____

Psal - li - te De - o, psal - li - te!
This is the day the Lord has made!

O _____

Al - le - lu - ia, al - le - lu - ia!
Al - le - lu - ia, al - le - lu - ia!

21. SING TO GOD

Singt dem Herrn

A

Sing   to   God   with   joy - ful   hearts.   Praise   the   Lord   for
Singt   dem   Herrn   ein   neu - es   Lied.   Lob   -   singt   ihm

ev - er - more,   praise   the   Lord   for   ev - er - more.
al - le - zeit,   lob - singt   ihm   al - le - zeit!

Last time

Verses *(Cantor)*

B

O

D.C.

22. SING TO THE LORD

Lobe den Herrn

Sing to the Lord, all my be - ing,   let ev-'ry-thing in me pro-claim God's sal-va-tion.
Lo - be den Herrn, mei-ne See - le,   und al-les in mir sei-nen hei - li-gen Na-men!

Sing to the Lord, all my be-ing,   and re-mem-ber   all of God's mar-vel - ous deeds!
Lo - be den Herrn, mei-ne See - le,   und ver-giß nicht,   was er dir Gu - tes ge - tan!

23. SURREXIT CHRISTUS
The Lord Is Risen

24. TUI AMORIS IGNEM
Holy Spirit, Come to Us

Ve - ni San - cte Spi - ri - tus, tu - i a - mo - ris i - gnem ac - cen - de.
Ho - ly Spir - it, come to us, kin - dle in us the fire of your love.

Ve - ni San - cte Spi - ri - tus, ve - ni San - cte Spi - ri - tus.
Ho - ly Spir - it, come to us, Ho - ly Spir - it, come to us.

25. UBI CARITAS DEUS IBI EST

Where There Is Charity

U — bi_____ ca — ri — tas et_____ a — mor,
Where there is char — i — ty, self — less love,

u — bi_____ ca — ri — tas De — us i — bi est.
where there is char — i — ty, God_____ is tru — ly there.

26. VENI CREATOR SPIRITUS

Ve - ni Cre - a - tor Spi - ri - tus.

27. VENI LUMEN

Come Holy Spirit, Comforter

O_____

Ve - ni Cre - a - tor Spi - ri - tus.
Come Ho - ly Spir - it, Com - fort - er.

O_____

Ve - ni lu - men cor - di - um,
Come Cre - a - tor Spir - it! Come!

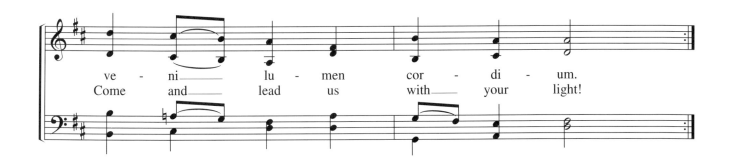

ve - ni___ lu - men cor - di - um.
Come and___ lead us with___ your light!

28. VENI SANCTE SPIRITUS
Holy Spirit, Come to Us

To begin this ostinato, the voices enter one at a time in the following order: Bass, Alto, Soprano, Tenor.
Sing the ostinato twice before adding the next voice.

Ve - ni San - cte Spi - ri - tus.___
Ho - ly Spir - it, come to us.___

29. VENITE, EXULTEMUS DOMINO
O Come and Let Us Sing To God

30. WAIT FOR THE LORD

Wait for the Lord, whose day is near.

Wait for the Lord: keep watch,— take heart!

31. WITH YOU, O LORD

With you, O Lord, is life in all its full - ness, and in your light we shall see true light. With you, O Lord, is life in all its full- ness, and in your light we shall see true light.

32. YOUR WORD, O LORD

C'est toi ma lampe

Your word, O Lord, is a light. My God, en-light-en my dark-ness. O Lord, my God, en-light-en my dark-ness. O Lord, my God, en-light-en my dark-ness. Your

C'est toi ma lam-pe, Sei-gneur. Mon Dieu é-clai-re ma té-nè-bre. Sei-gneur, mon Dieu, é-clai-re ma té-nè-bre. Sei-gneur, mon Dieu, é-clai-re ma té-nè-bre. C'est

Last time

Last time

33. DA PACEM, DOMINE
Grant Us Your Peace, O Lord

Canon

Da pa - cem, Do - mi - ne, da pa - cem,
Grant us your peace, O Lord, grant us your

O Chri - ste, in di - e - bus no - stris.
peace, O Lord, may it fill all our days.

Coda

A - men.　A - men.　A - men.

The Ⓑ and Ⓓ entrances in the canon are sung a fourth lower.

34. GLORIA II
Four canons on the same harmonic pattern using the same accompaniments.

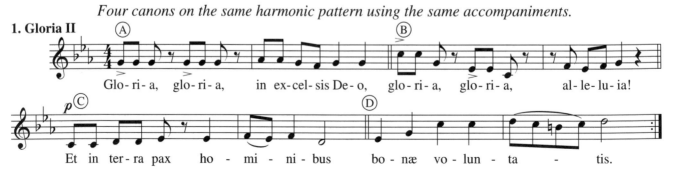

1. Gloria II

Glo - ri - a, glo - ri - a, in ex - cel - sis De - o, glo - ri - a, glo - ri - a, al - le - lu - ia!

Et in ter - ra pax ho - mi - ni - bus bo - næ vo - lun - ta - tis.

2. Come and Pray In Us

Come and pray in us, Ho - ly Spir - it, come and pray in us,
Vie - ni, Spi - ri - to cre - a - to - re, vie - ni, vie - ni,

come and vis - it us, Ho - ly Spir - it, Spir - it come, Spir - it come.
vie - ni, Spi - ri - to cre - a - to - re, vie - ni, vie - ni!

3. Cantate Domino

Can - ta - te Do - mi - no. Al - le - lu - ia, al - le -
Sing prais - es to the Lord. Al - le - lu - ia, al - le -

lu - ia! Ju - bi - la - te De - o.
lu - ia! Sing in joy and glad - ness.

4. Veni Creator Spiritus

Ve - ni Cre - a- tor, ve - ni Cre - a- tor, ve - ni Cre - a - tor Spi - ri - tus.
Come, Cre - a- tor, Ho - ly Spir - it, come Cre - a - tor Spir - it, come!

35. JUBILATE CŒLI
Heavens Sing with Gladness

Canon

Ju - bi - la - te cœ - li, ju - bi - la - te mun - di,
Heav - ens sing with glad - ness; earth sing out re - joic - ing:

(re.)
(dead.)

Ju - bi - la - te cœ - li, ju - bi - la - te
Heav - ens sing with glad - ness; earth sing out re -

Chri - stus Je - sus sur - re - xit ve - re.
Je - sus Christ is ris - en from the dead.

mun - di, Je - sus Chri - stus sur - re - xit ve -
joic - ing: Je - sus Christ is ris - en from the

Coda

Solo (A) (A1) *2nd canon melody* *Tutti*

A - men, a - men! A - men!

36. SURREXIT DOMINUS VERE II

Jesus, the Lord, Is Risen

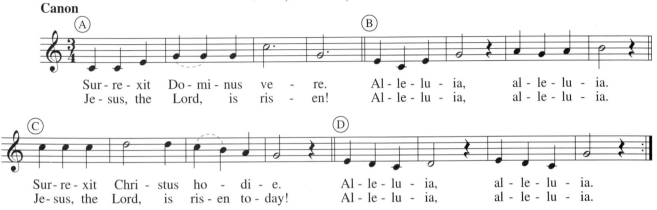

Sur - re - xit Do - mi - nus ve - re. Al - le - lu - ia, al - le - lu - ia.
Je - sus, the Lord, is ris - en! Al - le - lu - ia, al - le - lu - ia.

Sur - re - xit Chri - stus ho - di - e. Al - le - lu - ia, al - le - lu - ia.
Je - sus, the Lord, is ris - en to - day! Al - le - lu - ia, al - le - lu - ia.

37. ALLELUIA

Al - le - lu - ia, al - le - lu - ia, al - le - lu - ia, al - le - lu - ia!

Al - le - lu - ia.

Alleluia 8

Al - le - lu - ia, al - le - lu - ia, al - le - lu - ia, al - le - lu - ia!____

Alleluia 10

Al - le - lu - ia, al - le - lu - ia, al - le - lu - ia!____

Al - le - lu - ia, al - le - lu - ia, al - le - lu - ia!____

Alleluia 14

Al - le - lu - ia,   al - le - lu - ia!

Alleluia 15

Al - le - lu - ia,   al - le - lu - ia!

Alleluia 16

Al - le - lu -   ia,   al - le - lu -   ia!

Alleluia 17

Al-le-lu – ia, al-le-lu-ia, al-le-lu – ia, al-le-lu – ia!

Alleluia 18

Al-le-lu – i-a, al-le-lu – i-a, al-le-lu – i-a!

Alleluia 19

Cantor

Al-le-lu – ia. Al-le-lu-ia, al-le-lu – ia, al-le-lu – ia!

Alleluia Zagorsk

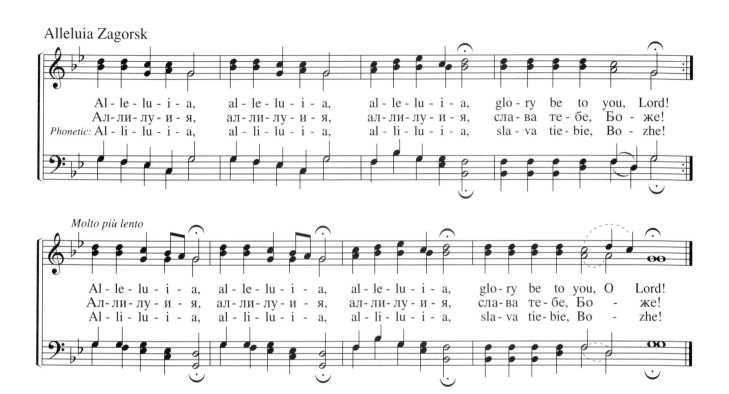

Al - le - lu - i - a, al - le - lu - i - a, al - le - lu - i - a, glo - ry be to you, Lord!
Ал - ли - лу - и - я, ал - ли - лу - и - я, ал - ли - лу - и - я, сла - ва те - бе, Бо - же!
Phonetic: Al - li - lu - i - a, al - li - lu - i - a, al - li - lu - i - a, sla - va tie - bie, Bo - zhe!

Molto più lento

Al - le - lu - i - a, al - le - lu - i - a, al - le - lu - i - a, glo - ry be to you, O Lord!
Ал - ли - лу - и - я, ал - ли - лу - и - я, ал - ли - лу - и - я, сла - ва те - бе, Бо - же!
Al - li - lu - i - a, al - li - lu - i - a, al - li - lu - i - a, sla - va tie - bie, Bo - zhe!

38. ADORAMUS TE, O CHRISTE

S: A - do - ra - mus te, a - do - ra - mus te, O Chri - ste. O

A: A - do - ra - mus te, O Chri - ste. O

T, B: A - do - ra - mus te, a - do - ra - mus te, O Chri - ste. O

39. CHRISTE JESU LUMEN CORDIUM

Chri - ste Je - su lu - men cor - di - um lau - da - bo te.

40. EXAUDI NOS
Lord, Hear Our Prayer

Te, ro - ga-mus au-di nos.
O Lord, have mer - cy.

Ex - au - di nos. Ex - au - di nos. (hum)
Lord, hear our prayer, Lord, hear our prayer.

41. GOSPODI
(Lord, have mercy.)

Gospodi A

Gos - po - di po - mi - lui.
Гос - по - ди по - ми - луй.

Gospodi F

Gos — po – di po – mi – lui.
Гос — по–ди по–ми – луй.

42. KYRIE ELEISON

Kyrie 5

Ky - ri - e e - le - i - son, e - le - i - son.

Kyrie 6

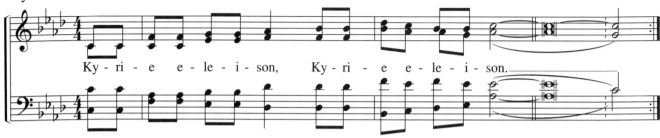

Ky - ri - e e - le - i - son, Ky - ri - e e - le - i - son.

Kyrie 7

Ky - ri - e e - le - i - son, Ky - ri - e e - le - i - son.

Kyrie 8

Ky - ri - e e - le - i - son. Ky - ri - e e - le - i - son.

Kyrie 9

Christe ex-au-di-nos.

Ky-ri - e, Ky-ri - e, Ky-ri - e e-le - i - son.

(i)

Kyrie 11

Ky - ri - e e - le - i - son, Ky - ri - e e - le - i - son.

Kyrie 12

1.

2.

Ky - ri - e, Ky - ri - e, Ky - ri - e e - lei - son. lei - son.

Kyrie 15

Ky-ri-e, Ky-ri-e, Ky-ri-e e-le-i-son, Ky-ri-e, Ky-ri-e, Ky-ri-e e-le-i-son.

Kyrie 17

Cantor

Ky-ri-e e-le-i-son. Ky-ri-e, Ky-ri-e, Ky-ri-e e-le-i-son,

Ky-ri-e, Ky-ri-e, Chri-ste e-le-i-son.

Kyrie 18

Ky - ri - e   e - le - i - son,   Ky - ri - e   e - le - i - son.

43. Maranatha! Alleluia! I

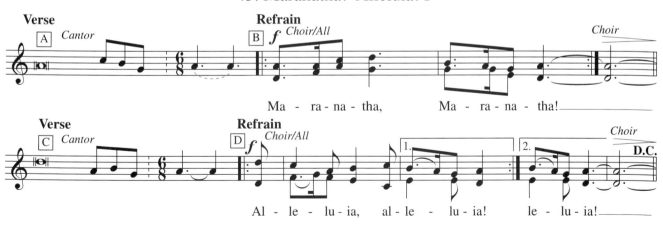

Verse A *Cantor*   **Refrain** B *f* *Choir/All*   *Choir*

Ma - ra - na - tha,   Ma - ra - na - tha!

Verse C *Cantor*   **Refrain** D *f* *Choir/All*   1.   2.   *Choir*   **D.C.**

Al - le - lu - ia,   al - le - lu - ia!   le - lu - ia!

44. VENI LUMEN CORDIUM I
Come, O Spirit, Light of Hearts

Veni Sancte Spiritus!

Ve - ni lu - men cor - di - um!
Come, Cre - a - tor, Spir - it, come!

O

45. VENI LUMEN CORDIUM II
Come, Lord, Light of Our Hearts

Ve - ni San - cte Spi - ri - tus!
Come, Lord, light of our hearts!

Ve - ni lu - men cor - di - um!
Come, Lord, light of our hearts!

O

EUCHARIST
46. KYRIE ELEISON, CHRISTE ELEISON

Solo: Together, let us pray to Christ our Lord, who intercedes for us at the right hand of the Father:

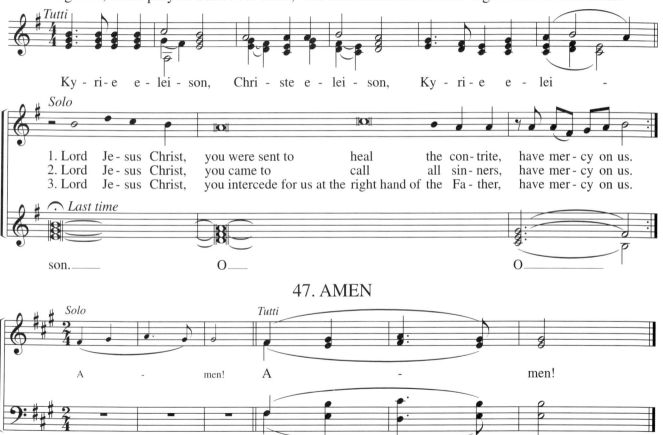

Tutti

Ky - ri-e e-lei - son, Chri - ste e - lei - son, Ky - ri-e e - lei -

Solo

1. Lord Je - sus Christ,   you were sent to   heal   the con - trite,   have mer - cy on us.
2. Lord Je - sus Christ,   you came to   call   all sin - ners,   have mer - cy on us.
3. Lord Je - sus Christ,   you intercede for us at the right hand of the Fa - ther,   have mer - cy on us.

Last time

son.___   O___   O___

47. AMEN

Solo   *Tutti*

A -   men! A   -   men!

48. GLORIA DEO

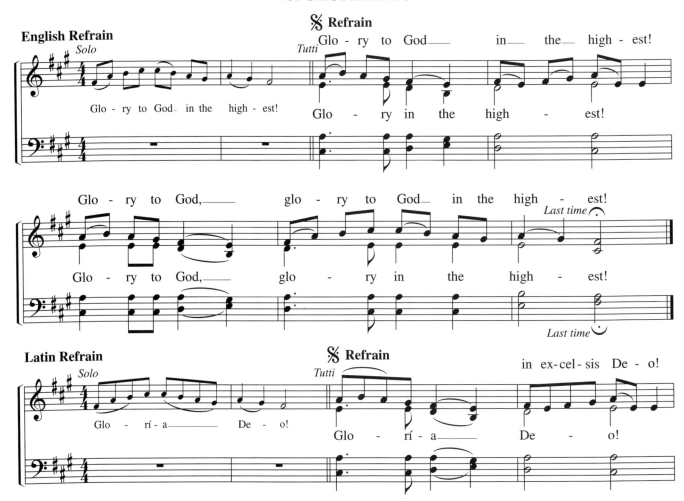

Last time

Glo - rí - a,____ glo - rí - a____ De - o!

Last time

Verses

Choir

Glo - ry____ in the high - est, glo - ry,____ glo - ry to God!
De - o____ glo - rí - a,____ De - o____ glo - rí - a!

D.S.

Glo - ry____ in the high - est, glo - ry,____ glo - ry to God!
De - o____ glo - rí - a,____ De - o____ glo - rí - a!

49. APOSTLES CREED

Solo: I believe in God, the Father almighty, creator of heaven and earth. Amen! Amen!

A - men!   A - men!

I believe in Jesus Christ,
    his only Son, our Lord.
He was conceived by the power of the Holy Spirit
    and born of the Virgin Mary.
He suffered under Pontius Pilate,
    was crucified, and died, and was buried.
He descended to the dead.
On the third day he rose again.
He ascended into heaven,
    and is seated at the right hand of the Father.
He will come again to judge
    the living and the dead. Amen! Amen!

A - men!   A - men!

I believe in the Holy Spirit,
the holy, catholic, *(universal) church,
the communion of saints,
the forgiveness of sins,
the resurrection of the body
and in life everlasting. Amen! Amen!

A - men!   A - men!

*optional

50. SANCTUS DOMINUS DEUS

Tutti

Last time
Fine

Ho - san - na in the high - est.
Ho - san - na in ex - cél - sis!

Last time

Solo

D.S.

Bless - ed is___ he who comes in the name of the Lord.
Be - ne - dí - ctus qui vé - nit, in___ nó - mi - ne Dó - mi - ni.

O

51. MEMORIAL ACCLAMATION
A. Dying You Destroyed Our Death

Dy - ing you de - stroyed our death, a - men. A - men.

Ris - ing you re - stored our life, a - men. A - men.

Lord Je - sus, come in glo - ry! Lord Je - sus, come in glo - ry!
Vé - ni Dó - mi - ne Jé - su! Vé - ni Dó - mi - ne Jé - su!

B. When We Eat This Bread

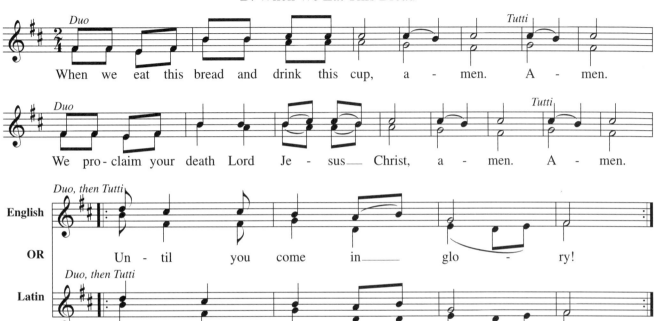

When we eat this bread and drink this cup, a - men. A - men.

We pro - claim your death Lord Je - sus — Christ, a - men. A - men.

English

OR

Un - til you come in — glo - ry!

Latin

Vé - ni Dó - mi - ne Jé - su!

52. SEND FORTH YOUR SPIRIT / AMEN

Mitte tuum Spiritum

Send   forth   your   Spir - it,   Lord!   Send   forth   your   Spir - it,   Lord!——
A - men!   A -   men!   A -   men!   A -   men!——
Mit - te   tu - um   Spi - ri - tum!   Mit - te   tu - um   Spi - ri - tum!——

53. LORD'S PRAYER

(Traditional)

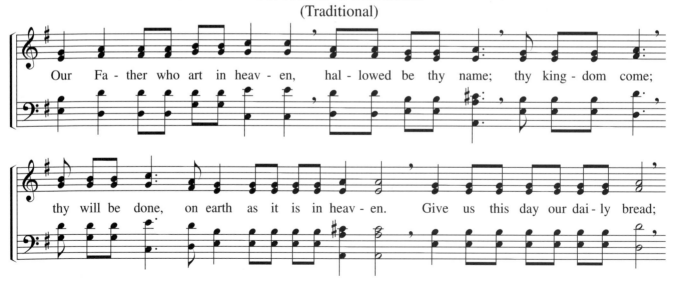

Our   Fa - ther who art   in heav - en,   hal - lowed be thy   name;   thy king - dom come;

thy will be   done,   on earth   as   it is in heav - en.   Give   us   this day our dai - ly   bread;

for- give us our tres- pass- es   as we for- give those who tres- pass a- gainst us;

lead us not in- to temp- ta- tion, but de- liv- er us from e- vil.   For thine is the King- dom,

*

and the pow- er, and the glo- ry, for- ev- er and ev- er.   A- men.

* optional

but de- liv- er us from e- vil.   A - men.

54. LORD'S PRAYER
(Contemporary)

Our Fa - ther in heav - en, ho - ly be your name. Your King - dom come.

Your will be done, on earth as in heav - en. Give us to - day our dai - ly bread.

For - give us our sins as we for - give those who sin a - gainst us.

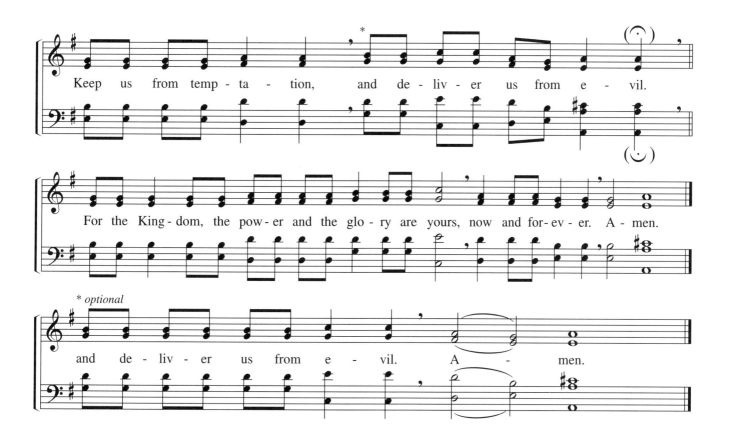

Keep us from temp-ta-tion, and de-liv-er us from e-vil.

For the King-dom, the pow-er and the glo-ry are yours, now and for-ev-er. A-men.

* optional

and de-liv-er us from e-vil. A - men.

55. AGNUS DEI–DONA NOBIS PACEM

English

Latin

A - gnus De - i qui tól - lis pec - cá - ta mún - di.

Mi - se - ré - re nó - bis. A - gnus De - i qui tól - lis pec - cá - ta

O

mún - di. Mi - se - ré - re nó - bis. Dó - na nó - bis pá - cem.

56. PSALM 4: A DESIRE FILLS OUR BEING

Une soif emplit notre âme

A   de - sire— fills our be - ing: to sur - ren - der all to you, O   Christ.
U - ne   soif em - plit no - tre â - me: nous a - ban - don - ner en toi, ô   Christ.

Verses *(Cantor)*

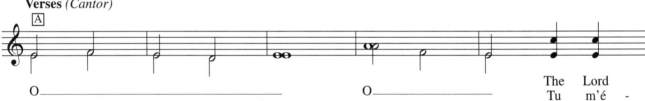

O_____   O_____   The   Lord
                                                                            Tu   m'é -

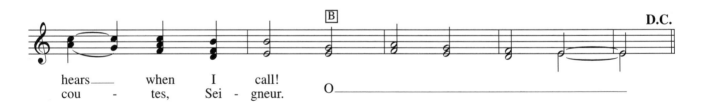

hears___   when   I   call!   O_____
cou -   tes,   Sei - gneur.

57. PSALM 103: GOD CAN ONLY GIVE FAITHFUL LOVE

Dieu ne peut que donner son amour

God can on - ly___ give faith - ful love: ten - der - ness and for - give - ness!
Dieu ne peut que don - ner son a - mour, no - tre Dieu est ten - dres - se!

Verses *(Cantor)*

O ___
God ev - er car - ing.
Dieu est ten - dres - se.

O ___
God who for - gives us.
Dieu qui par - don - ne.

58. PSALM 62: IN YOU OUR HEARTS FIND REST

En tout, la paix du cœur

In you our hearts find rest, and peace-ful glad - ness. In
En tout, la paix du cœur, la joie se-rei - ne. En

Last time

you our hearts find rest, and peace-ful glad - ness.
tout, la paix du cœur, la joie se-rei - ne.

Last time

Verses *(Cantor)*

A *freely* B D.C.

My hope is in the Lord.
De lui, vient mon es-poir!

O_____ O_____

59. PSALM 145: THERE CAN BE NO GREATER LOVE

Grande est ta bonté

There can be no great - er love than to lay down our life for— those we love._____

Il n'est pas de plus grand a-mour que de don - ner sa vie pour— ceux qu'on ai - me.

Verses *(Cantor)*

A

O_____ Bless the Lord, our

Gran - de est ta bon -

B

God, whose good - ness a - bounds! O_____

té, Sei - gneur, en - vers nous!

D.C.

TITLE INDEX